Sacrés chemins de Saint-Jacques de Compostelle

Photos Léonnard Leroux
Texte Anthony Serex

Conception et direction éditoriale Bertrand Dalin
Assistante d'édition Stéphanie Dantan

En couverture - Chapelle Sainte-Marie-Madeleine
à Pleyben, dans le Finistère.

Double page précédente - Chef-d'œuvre de l'art roman provençal,
Saint-Trophime parle encore aux pèlerins du XXIe siècle.
A son tympan, le Christ bénit les deux doigts levés.
Au sommet de l'arc, trois anges jouent de la trompette.
Il se dégage de la joie et de la sérénité.

Avant-propos

Du silence plutôt que du bruit, faire le chemin plutôt que de le raconter, vivre le bonheur plutôt que de l'exprimer sont les joies du pèlerin.

Cet ouvrage n'est pas un guide vers une destination — chacun suivra sa propre voie — mais une invitation à prendre le chemin. Chemin : toute voie qu'on peut parcourir pour aller d'un lieu à un autre (Littré). Toute voie. Se lever un bon matin et dire je pars à Compostelle.

Page précédente - Le ciel s'ouvre comme un livre, l'horizon n'est jamais atteint, le chemin offre des pauses et continue sans fin. Deux pèlerins en Bourgogne, entre ciel et terre. Voyage en soi, périple vers le monde.

Rayons de soleil filtrés par l'arbre, promesse de vie, cathédrale de la nature que le pèlerin admire tout au long du chemin. Peu importe le lieu, la voie est tracée vers Compostelle.

Est-ce simplement une question de foi ? Chaque pèlerin trouve sa propre motivation pour atteindre le même but, comme un parcours initiatique mettant le corps et l'esprit à l'épreuve sur des centaines, sur des milliers de kilomètres que forme le chemin.

Le défi physique n'est pas anodin. Le voyage long, auquel s'ajoutent des conditions climatiques difficiles, laisse sur le côté les touristes. Passer du froid mordant des montagnes du centre de la France à la chaleur pesante des longs plateaux espagnols éprouve plus d'un organisme, mais pas la conviction du pèlerin dont la devise est « toujours plus loin ».

Page précédente - L'ombre du pèlerin
s'inscrit naturellement dans le paysage,
s'allonge quand le jour diminue,
avance soutenue par le bâton.

Prendre soin de ses pieds,
se laisser porter jusqu'à Saint-Jacques
à fleur de peau. Marche sensible.

A chaque pas, solitaire ou accompagné, l'esprit, replié sur ses pensées, s'ouvre paradoxalement au monde et aux rencontres. Le chemin est en mouvement dans l'espace, en mouvement dans le temps. Histoire de ses pas que l'on glisse dans les pas de tant d'autres ; présence de tous les sens ; futur de l'horizon comme une promesse faite il y a si longtemps.

Ce livre est une voix faite de beaux paysages, de détails précieux et d'indications parmi tant d'autres pour approcher le chemin, aller vers le port, trouver sa voie, tracer son propre chemin de Compostelle.

Faisceau de lumière céleste près de Souvigny dans l'Allier. Le chemin découpe sa voie dans la végétation. Vers le paradis ?

Page suivante - En appui sur le sol, aidé du bâton de pèlerin, sous un ciel gris et pesant, il faut affronter tous les climats. Le doute est permis, le chemin est long.

Sommaire

Page précédente - Se détacher sur l'horizon,
se détacher du monde, renaître au fil du chemin.

La croix s'inscrit sur le chemin comme un repère.
Les chaussures s'y attachent comme une offrande.

Un peu d'histoire...

Bien avant les chemins, dont l'histoire emprunte de nombreux détours, tout commença avec saint Jacques. Saint-Jacques, dit le Majeur, apôtre de l'Espagne condamné au martyre de la décapitation par le roi Hérode en 44 ap. J.-C. ; saint Jacques, dont les reliques furent emportées par deux de ses disciples, Athanase et Théodore, loin de la Judée.

Après une navigation miraculeuse, ils accostèrent en Galice, terre évangélisée par l'apôtre, et abritèrent le corps à Iria Flavia, à l'intérieur d'une crypte creusée dans un rocher sur lequel on bâtit une chapelle. Crypte où les disciples furent enterrés à leur tour, à gauche et à droite de saint Jacques.

Page précédente - Prendre le temps du détail,
ne pas se contenter d'une vision globale.
Détail du portail de la Gloire à Saint-Jacques de Compostelle.

Après plus d'un millier de kilomètres parcourus pour
ceux qui ont suivi l'un des nombreux chemins se détachent
les flèches de la cathédrale Saint-Jacques de Compostelle.

Très vite, les Espagnols vénérèrent avec passion le tombeau de saint Jacques, mais les invasions arabes dévastant le pays, notamment les provinces du littoral, mirent à mal l'ensemble et le tombeau disparut sous les ruines pendant des siècles.

La mémoire de ce qui s'était passé en ces lieux ne fut pourtant jamais perdue et c'est au début du IXe siècle que, selon la tradition, une étoile extraordinaire se mit à briller pour signaler l'emplacement de la crypte. L'évêque d'Iria Flavia, Théodomir, fit alors dégager les ruines pour retrouver les tombes de saint Jacques et de ses deux compagnons. Les reliques réapparues, Théodomir décida de mieux les protéger de murs solides et de rebaptiser la ville Compostelle, en souvenir de l'étoile qui guida les fidèles vers les saints. Après avoir échappé miraculeusement à la destruction par les troupes arabes revenues en Espagne, ayant toutefois souffert des combats, le temple se transforma en église, puis en puissante basilique.

Fugacité de la trace, permanence de l'arbre enraciné, jeux d'ombres et de lumières. Chaque instant peut être objet à méditation.

Page suivante - Beauté confondante des paysages. Le ciel rouge embrase l'eau claire. Ouvrir ses sens ne détourne pas du chemin.

C'est à partir du XIe siècle que le pèlerinage vers Compostelle prit de l'ampleur dans l'Occident chrétien. Attirés par les nombreux miracles et par la renommée du sanctuaire, les pèlerins affluèrent vers ce bout de terre, comme ils cheminaient aussi vers Rome ou Jérusalem.

Laissons un temps l'histoire des chemins, nous y reviendrons, pour continuer celle de Compostelle. En effet, l'histoire des reliques connut encore un « rebondissement » avec le siège de l'envahisseur anglais. En raison de l'imminence du danger, l'évêque Jean de Saint-Clément prit en secret la décision de cacher les trois corps. C'est ainsi que l'on continua de vénérer les reliques en un lieu où elle n'était plus et il fallut une nouvelle intervention divine (et humaine) pour les découvrir sous une dalle au centre de l'abside. Des reliques qui furent reconnues authentiques par le pape Léon XIII à la fin du XIXe siècle, reconnaissance à l'origine de l'engouement contemporain du pèlerinage à Compostelle.

Page précédente - Silhouettes se découpant sur le chemin, les églises comme des phares veillent sur le pèlerin.

Contrastes douloureux et sublimes, le bleu éclatant et silencieux du ciel, la pierre érodée dont la voix ne cesse de percer. Gargouille dite « bade gorge » sur la façade de l'église de Gannat (Allier).

Des chemins aux itinéraires

Si dans notre imaginaire le pèlerinage à Compostelle remonte à la nuit des temps, sans doute à cause du fabuleux voyage du corps de saint Jacques à travers la Méditerranée, il est en réalité beaucoup plus récent et date du Moyen Age. Il est un document que tous les pèlerins connaissent, le fameux Guide du Pèlerin, dernière partie (V^e livre) d'un ouvrage bien plus important intitulé Codex Calixtinus écrit au XIIe siècle et conservé dans la cathédrale de Saint-Jacques de Compostelle, qui indique les quatre chemins possibles pour relier Saint-Jacques depuis quatre villes françaises : Le Puy-en-Velay, Vézelay, Arles et Tours. Un ouvrage attribué au moine poitevin Aimery de Picaud, un ouvrage qui traversera les siècles sans faire parler de lui et qui connut le « succès » seulement au milieu du XXe siècle grâce à sa traduction en français par Jeanne Vielliard.

Saint Jacques, du haut de la cathédrale de Santiago, invite le pèlerin à venir jusqu'à lui. Pierres ciselées par l'homme, façonnées par le temps, inspirées par le divin.

Page suivante - Marcher à son rythme, dans son temps, sa saison, sous des figures éternelles.

DAG
TRONDHEIM 5000 KM
MACHU-PICKU 9453 Km
GALIZA 70 Km
ROMA 2475 Km
FINISTERRE. 295 Km
JERUSALEM 5000 Km
SANTIAGO 222 Km
MANJARIN
REFUGIO DE PEREGRINOS
PERMANENTE
ABIER
OFFEN
OUVERT
OPEN

Devenu guide fondamental pour de nombreux pèlerins, véritable boussole pour certains sur les chemins de Compostelle, à l'origine de la mise en place des chemins à travers notre pays, il nous paraît utile de rappeler que ce Guide du Pèlerin était inconnu et inusité au Moyen Age.

C'est pourquoi on évitera de dire sur les chemins que l'on emprunte exactement les voies d'autrefois, alors que les pèlerins cheminaient sans plus d'indications, sinon leur but ultime, et que la topographie, les routes, les habitations, tout a changé si rapidement au siècle dernier. Les chemins, tels que l'on peut les parcourir aujourd'hui, ont été tracés après 1970, notamment par des associations jacquaires et des organismes telles que la Fédération Française de la Randonnée Pédestre.

Page précédente - De toutes les provenances, une seule destination ? Tous les chemins ne mènent pas à Rome ! Jérusalem à 5 000 km ou Saint-Jacques de Compostelle à 222 km, le chemin est un lieu de rencontres.

Devant l'étendue à parcourir, l'infinité du ciel, on peut se demander si le chemin a une fin.

Suivant les indications du Guide du Pèlerin, cherchant les étapes historiques dans des villes pleines d'indices, l'homme moderne a su construire des chemins faits de sens, et parfois d'enjeux économiques, inscrits au Patrimoine Mondial de l'Unesco, pour des pèlerins de plus en plus nombreux, parfois avides d'une « authenticité » si difficile à retrouver. Ceux qui cherchent une vérité historique sur les « nouveaux » itinéraires qui mènent à Compostelle risquent donc d'être déçus et il ne faut pas croire qu'en marchant sur ces chemins on posera ses pas dans ceux d'un pèlerin d'autrefois.

Mais part-on pour Compostelle en historien médiéviste ? Ce que nous proposent ces multiples chemins qui se prolongent à l'infini vers de nouveaux départs, ce n'est pas de remonter le temps à partir d'un point fixe orné d'une appellation. C'est un tout autre voyage, personnel, intime, bien au-delà des chemins terrestres. Un chemin imaginaire qui pourrait bien commencer, pour vous lecteurs, à travers les pages du présent ouvrage.

Petit groupe de pèlerins.
Le chemin est assez vaste pour aller à plusieurs ou faire sa route en solitaire.

Page suivante - Carte des chemins.

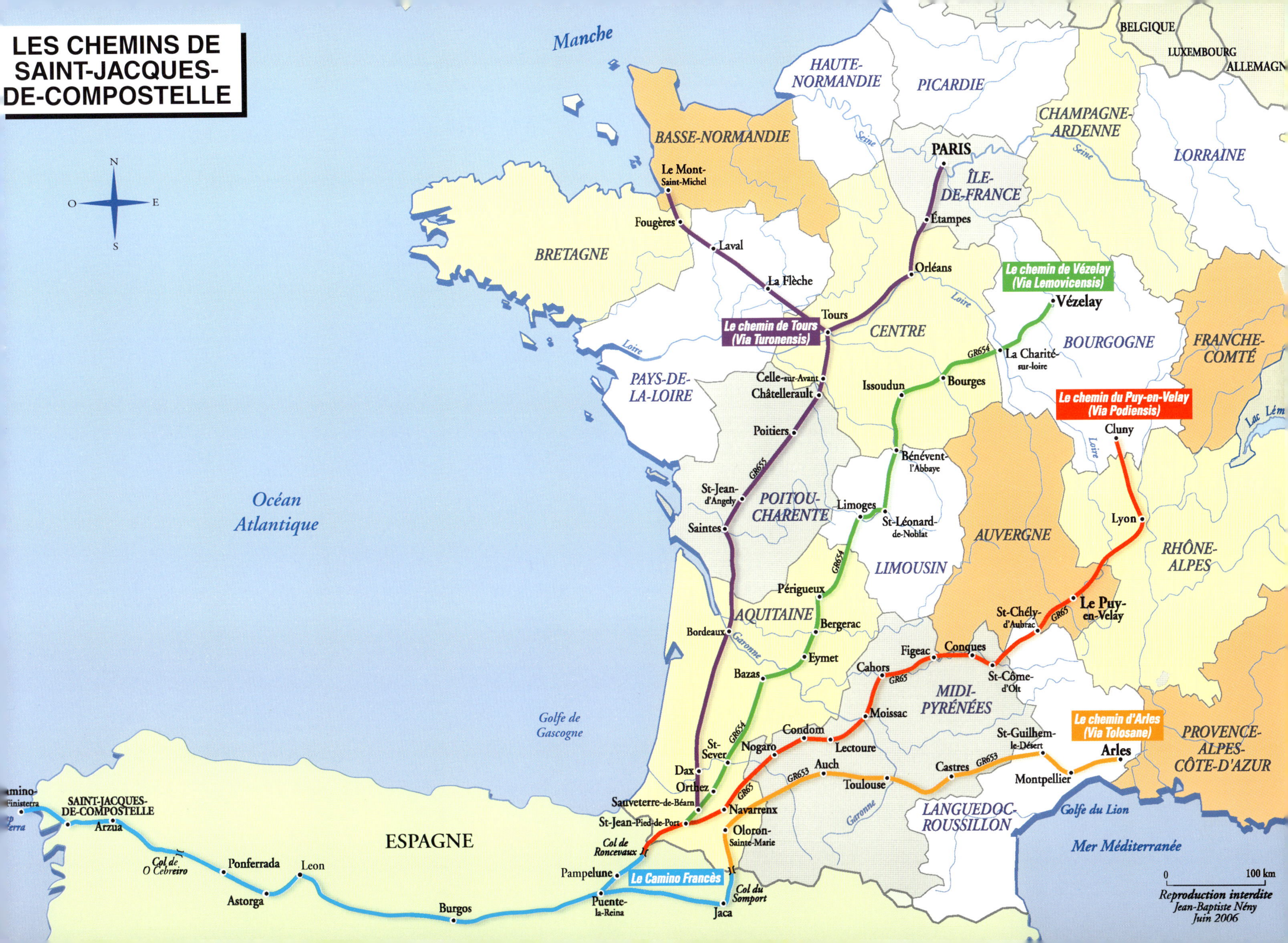
LES CHEMINS DE SAINT-JACQUES-DE-COMPOSTELLE
N
O
E
S
Manche
Océan Atlantique
Golfe de Gascogne
Golfe du Lion
Mer Méditerranée
BELGIQUE
LUXEMBOURG
ALLEMAGN
HAUTE-NORMANDIE
PICARDIE
CHAMPAGNE-ARDENNE
LORRAINE
BASSE-NORMANDIE
ÎLE-DE-FRANCE
BRETAGNE
CENTRE
BOURGOGNE
FRANCHE-COMTÉ
PAYS-DE-LA-LOIRE
POITOU-CHARENTE
LIMOUSIN
AUVERGNE
RHÔNE-ALPES
AQUITAINE
MIDI-PYRÉNÉES
LANGUEDOC-ROUSSILLON
PROVENCE-ALPES-CÔTE-D'AZUR
ESPAGNE
Seine
Loire
Garonne
Lac Lém
PARIS
Étampes
Orléans
Le Mont-Saint-Michel
Fougères
Laval
La Flèche
Tours
Le chemin de Tours (Via Turonensis)
Celle-sur-Avant
Châtellerault
Poitiers
GR655
St-Jean-d'Angely
Saintes
Bordeaux
Dax
Orthez
Sauveterre-de-Béarn
St-Jean-Pied-de-Port
Le chemin de Vézelay (Via Lemovicensis)
Vézelay
La Charité-sur-loire
GR654
Bourges
Issoudun
Bénévent-l'Abbaye
Limoges
St-Léonard-de-Noblat
Périgueux
Bergerac
Eymet
Bazas
St-Sever
Le chemin du Puy-en-Velay (Via Podiensis)
Cluny
Lyon
Le Puy-en-Velay
St-Chély-d'Aubrac
GR65
Conques
St-Côme-d'Olt
Figeac
Cahors
Moissac
Lectoure
Condom
Nogaro
Navarrenx
Le chemin d'Arles (Via Tolosane)
Arles
Montpellier
St-Guilhem-le-Désert
GR653
Castres
Toulouse
Auch
Oloron-Sainte-Marie
Col du Somport
Jaca
Col de Roncevaux
Pampelune
Le Camino Francès
Puente-la-Reina
Burgos
Leon
Astorga
Ponferrada
Col de O Cebreiro
Arzua
SAINT-JACQUES-DE-COMPOSTELLE
Camino-Finisterra
0
100 km
Reproduction interdite
Jean-Baptiste Nény
Juin 2006

Quelques conseils

Marcheur ou pèlerin, partir pour Compostelle ne s'improvise pas du jour au lendemain. Pour faire le chemin dans les meilleures conditions, il faut se préparer autant spirituellement que physiquement. Voici donc quelques conseils pour arriver à bon port à pied, à vélo ou à cheval.

D'abord, prendre contact avec une association jacquaire, elles sont une trentaine en France, où vous trouverez les conseils et l'expérience de personnes qui ont déjà fait le chemin. Ces associations délivreront aussi la Credencial ou Carnet du pèlerin, « passeport » indispensable en France, quasi obligatoire en Espagne.

Page précédente - Ici en Ardèche, mais souvent ailleurs, le chemin est escarpé, ardu, exigeant et le pèlerin ne doit jamais manquer de ressources. Les croix offrent non seulement des repères, mais sont aussi des ressources.

Témoin de chaque pas fait sur le chemin, cette chaussure offre désormais sa semelle au vent. Ne pas croire que le chemin n'use ni le matériel, ni les hommes, il leur propose une autre vie !

La Credencial, qui engage le pèlerin à un comportement respectueux de l'esprit, notamment chrétien, du pèlerinage, sera tamponnée à chaque halte, attestant de votre chemin. A l'arrivée à Saint-Jacques-de-Compostelle, la présentation de la Credencial permet d'obtenir la Compostela, attestation officielle de la réalité du pèlerinage religieux, pour ceux qui ont accompli, au minimum, les 100 derniers kilomètres à pied ou les 200 derniers kilomètres à vélo ou à cheval.

Le pèlerin, pour être facilement identifiable, pourra se munir d'un bourdon, bâton de marche bien utile pour franchir les obstacles et éloigner les chiens errants, d'une coquille, symbole de saint Jacques, d'une calebasse ou gourde, d'un chapeau et d'un manteau.

Aussi beau soit-il, ce qui fait la valeur du bourdon, le bâton traditionnel du pèlerin, c'est l'usure de la marche.

CAPITULUM hujus Almae Apostolicae et Metropolitanae Ecclesiae Compostellanae sigilli Altaris Beati Jacobi Apostoli custos, ut omnibus Fidelibus et Peregrinis ex toto terrarum Orbe, devotionis affectu vel voti causa, ad limina Apostoli Nostri Hispaniarum Patroni ac Tutelaris **SANCTI JACOBI** *convenientibus, authenticas visitationis litteras expediat, omnibus et singulis praesentes inspecturis, notum facit:* Dnum Leonardum Leroux
hoc sacratissimum Templum pietatis causa devote visitasse. In quorum fidem praesentes litteras, sigillo ejusdem Sanctae Ecclesiae munitas, ei confero.

Datum Compostellae die 24 *mensis* Decembris *anno Dni* 1998.

SIGILLUM CAPITULI BEATI JACOBI COMPOSTELLAE

Secretarius Capitularis

Ci-dessus - La Credencial, ou carnet du pèlerin, sert de passeport tout au long du chemin. Le pèlerin la fait viser à chaque étape d'un tampon particulier attestant de son bon cheminement afin d'obtenir la « Compostela » (ci-contre).

Au seuil du départ, le pèlerin est bien équipé, n'emportant que le nécessaire pour ne pas alourdir le sac, compagnon sur le chemin.

Page suivante - D'un Finistère à l'autre, toutes les « fins de la Terre » sont belles. Peu importe les saisons, les paysages, ceux des Monts d'Arrée, demeurent d'une grande beauté.

Bien sûr, la besace se remplira de quelques accessoires plus modernes : de bonnes chaussures rodées à vos pas ; des vêtements chauds et d'autres plus aérés pour s'adapter aux écarts climatiques du parcours, une casquette, ce qu'il faut pour se laver et laver son matériel, trousse de secours et pharmacie pour les pieds, ustensiles de survie, documents d'identité, carte européenne d'assurance maladie, prévenir son assureur et le carnet du pèlerin, topo-guides et cartes, les chemins n'étant pas toujours bien indiqués...

A Saint-Jacques-de-Compostelle, on peut partir en toutes saisons. De Pâques à l'Assomption, les chemins sont très fréquentés et il est parfois difficile de trouver des places d'hébergement, notamment en Espagne. Sans doute est-ce un peu en amont et en aval de ces dates qu'il est préférable de partir, mais on risque de s'exposer aux rudesses du climat des montagnes (tout en évitant la canicule des côtes espagnoles).

L'hébergement se fait la plupart du temps dans des gîtes d'étape communaux ou privés qui balisent les chemins. Si ce n'est pas toujours le grand luxe, la chaleur humaine de l'accueil propose une bonne halte pour reposer ses pieds et partager sa journée. En Espagne, on fera halte dans les *refugios de peregrinos*, réservés aux pèlerins munis de la Credential.

Munis de ces quelques conseils et de ceux prodigués par des jacquets expérimentés, il ne vous reste plus qu'à partir en toute liberté, d'un point de rassemblement ou du seuil de votre maison, vers Saint-Jacques-de-Compostelle.

Confronté aux rudesses du chemin, le pèlerin trouve des abris matériels et spirituels.

Page suivante - Le chemin force à l'humilité et à la grandeur. Le pèlerin paraît bien petit face aux éléments naturels ou aux masses architecturales, mais il est présent au monde.

Le chemin du Puy-en-Velay

via Podiensis

1 530 km – 62 jours de marche.

C'est le grand chemin de l'est de la France, et plus généralement de l'est de l'Europe. Des pays germaniques depuis Strasbourg, du centre du vieux continent depuis Genève, les approches balisées de la Via Podiensis se multiplient de nos jours. Deux grandes étapes peuvent cependant guider les pas des pèlerins : Cluny et son abbaye romane, et Lyon, fervente capitale des Gaules.

Page précédente - L'homme a façonné la pierre, sculpté le paysage, laissé l'empreinte de sa foi. Au Puy-en-Velay, les signes de cette foi sont partout visibles.

Carte du chemin du Puy.

L'approche n'est qu'une partie de la voie, une partie plus intime qui commence au seuil de sa maison, une partie nécessaire à la représentation du chemin. Celui-ci prend corps au Puy-en-Velay.

Ici prend naissance la Via Podiensis, grande route du pèlerinage de Saint-Jacques-de-Compostelle. L'heure du départ va bientôt sonner. Mais avant d'être un point de départ vers Compostelle, le Puy-en-Velay est d'abord un point d'arrivée sur les cartes de nombreux pèlerins.

Ci-contre et page suivante - Comme sortie de terre, excroissance minérale au flanc du rocher, caressée par les blés, la chapelle de Rochegude semble accueillir les pèlerins depuis toujours. Ceux-ci veillent à leur tour à sa sauvegarde.

Sanctuaire marial dont les origines remontent au Ve siècle, la cathédrale Notre-Dame du Puy accueille depuis le XIe siècle les pèlerins de toute l'Europe venus se recueillir devant la statue de la Vierge Noire. C'est à cette époque que l'Evêque du Puy Gothescalk, l'un des premiers pèlerins à s'être rendu à Saint-Jacques-de-Compostelle vers 950, associe la cité ponote et le sanctuaire espagnol. Dès lors, Le Puy-en-Velay devint pour certains pèlerins non seulement un lieu de pèlerinage, mais aussi une étape vers Saint-Jacques-de-Compostelle.

Page précédente - Sur chaque promontoir au-dessus du Puy-en-Velay, une œuvre religieuse éclaire la ville : immense Notre-Dame de France sur le rocher Corneille, aérienne chapelle Saint-Michel sur le rocher d'Aiguilhe.

Partout où se porte le regard, de la cathédrale Notre-Dame du Puy au rocher volcanique d'Aiguilhe, le pèlerin peut vivre sa foi et naître au début d'un chemin qui ne fait que commencer.

Nous sommes au Puy-en-Velay,
et dans les chapiteaux qui
soutiennent les voûtes on sent déjà
une influence mauresque.
L'Espagne n'est plus très loin,
à quelques jours de marche.

La cité vellave ne manque pas de lieux marqués par l'empreinte des pèlerinages vers Saint-Jacques-de-Compostelle et l'on montera avec foi sur l'impressionnant rocher volcanique d'Aiguilhe pour se recueillir dans la chapelle dédiée à Saint-Michel. Le lendemain matin, on se rend à sept heures à la cathédrale pour recevoir la bénédiction d'envoi et le sacrement du pardon. Au Puy, on ne se soucie plus du matériel, seuls désormais comptent le spirituel et l'effort physique qui nous mènerons à destination.

Un ange, un saint, harmonieuse fresque polychrome de style byzantin, ornant le porche de la cathédrale côté sud.

Ensuite, on emprunte le chemin. Un chemin bien tracé puisqu'il s'agit du GR65, un chemin fréquenté où l'on observe moins les autres que la beauté des paysages traversés. A partir de là, il ne reste que 1 500 km environ et des heures de marche à suivre les coquilles lumineuses et les bandes rouges et blanches. Ceux qui font les premiers kilomètres iront, quoi qu'il advienne, au bout de leur aventure personnelle.

Bandes rouges et blanches,
une coquille lumineuse sur fond bleu,
vaches et veaux qui regardent passer
le pèlerin sur le GR65 à travers l'Auvergne
après une halte au gîte du Sauvage.

Le gîte d'étape du Sauvage,
refuge du pèlerin sur le chemin.
Sur les crêtes de la Margeride,
une ferme templière du XIIe siècle
toujours en activité.

Page suivante - Croix et croisée
des chemins entre Aubrac et Nasbinals.
Les motifs se répondent et apportent
parfois des réponses.

Au fil du chemin, les rencontres humaines se font uniques, les sites merveilleux et les impressions inoubliables. La chapelle de Rochegude dominant les gorges de l'Allier où le pèlerin trouve le réconfort au début du chemin ; le pays de Saugues, toujours hanté du souvenir de la bête du Gévaudan ; les symboles, les traces surgies du passé qui balisent le chemin des étoiles ; les sources miraculeuses où l'on remplit sa gourde ; les nombreuses églises et chapelles de tous styles, qui semblent veiller depuis des siècles au bon déroulement du pèlerinage ; la solitude sauvage du superbe plateau de l'Aubrac, où les vaches paissent tranquillement ; les auberges, les gîtes, les relais, les hôtels Saint-Jacques et tous les lieux d'accueil ; rien ne manque au plaisir des yeux, à la chaleur du cœur, au soutien de l'âme.

Page précédente - A travers champs, voici l'Aubrac, haut lieu de la nature et du patrimoine préservé.

Pays agricole, l'Aubrac est fier de ses animaux. Ce sont les moines de l'abbaye d'Aubrac qui ont développé et amélioré la fameuse race Aubrac, laitière de grande qualité.

Nature préservée sur les plateaux au sud du Massif Central. Les fleurs et plantes sauvages font partie de la vie du chemin. Elles aidèrent bien des pèlerins atteints de diverses maladies ou en quête de quelques nouvelles saveurs.

Page suivante - Une marche vers la lumière. Un jour nouveau, le même chemin qui n'est jamais le même sous les pas légers du matin.

LA BRUGAYRIE

Page précédente - Percée au milieu de nuages d'orage,
quelque part entre Montbonnet et Le Puy-en-Velay.

Au hameau de Montbonnet, l'ancienne chapelle dédiée à Saint Roch était sûrement un lieu de passage des pèlerins au Moyen Age. Cependant, aucune certitude à ce sujet, le chemin est celui que chacun veut bien suivre.

A Saint-Alban, c'est dans la chapelle agrandie de l'ancien monastère que les moines accueillaient les pèlerins. Chevet de l'église romane du XIe siècle.

Grès rouge typique de l'Eglise de Perse à Espalion. Magnifique édifice roman au tympan orné devenu simple chapelle de cimetière.

Page précédente - Croix sur le Pont Vieux d'Espalion dominant le Lot. Franchir les rivières et les fleuves ne fut pas toujours aussi aisé qu'aujourd'hui pour des pèlerins guettés par des bandits de grand chemin.

Village médiéval parmi les plus beaux de France, Saint-Côme-d'Olt offre au regard et aux interprétations le curieux clocher flammé de son église gothique.

Refuge
de pèlerins
par pèlerins
pour pèlerins
Lit 8.-€
Lit & petit déj. 11.-
Demi pension 20.-
Pique-nique 3.-/5.-

Pourtant le chemin est ardu, les pentes difficiles, les pièges existent, mais les villages toujours plus accueillants. Après la Lozère, voici l'Aveyron et Saint-Chély-d'Aubrac, son vieux pont franchi par tant de pèlerins, protégés par la croix qui le surplombe.

Après les étendues vertes, la terre noire, voici le Rouergue sous nos pieds et sa terre rouge caractéristique. Si chaque village marque l'esprit, certaines images s'impriment plus fortement. Saint-Côme-d'Olt, l'un des plus beaux villages de France, Estaing ou Livinhac, apparitions merveilleuses.

Page précédente - Lieux d'échanges et de repos, les refuges jalonnent le chemin.

A l'entrée des gorges du Lot, la cité médiévale d'Estaing. Masse minérale jouant avec les lumières artificielles à la tombée du jour.

Et puis Conques, qui marque déjà un aboutissement.

Dans ce village médiéval à flanc de coteau, autour de l'abbatiale Sainte-Foy, les fontaines romanes donnent la mesure d'un autre temps, celui des pèlerinages du Moyen Age. Le spectacle ne se fige qu'un temps, le chemin ne cesse d'avancer, la route appelle le pèlerin.

Grand site de France, Conques s'enchâsse naturellement dans la « conque » (qui signifie coquille) où un ermite s'était retiré du monde au VIIe siècle.

Page suivante - Conques, avec son abbatiale et son pont des pèlerins, fait référence en matière d'art roman et d'orfèvrerie médiévale. Pureté des formes, beauté de la pierre nue, chaque chose incite au recueillement et à l'admiration.

Et les villages défilent vers l'Espagne : la belle cité de Figeac, son abbaye Saint-Sauveur, ses quatre églises paroissiales, ses hôtels particuliers avec leurs arcades et son célèbre Hôtel de la Monnaie, l'une des plus belles maisons médiévales de France.

Page précédente - Au tympan du Jugement Dernier de l'Abbatiale Sainte-Foy de Conques, foisonnement de personnages hideux punissant les pécheurs. Scène toujours édifiante et parfaitement lisible de nos jours.

Les proportions harmonieuses de l'abbatiale construite au XIe siècle n'en sont pas moins gigantesques pour accueillir la masse des pèlerins et une importante communauté de moines.

Et puis Cahors, capitale du Quercy, enlacée dans un méandre du Lot, enjambé par le célèbre pont Valentré dont l'architecte, selon la légende, vendit son âme au diable... Cahors, et sa cathédrale Saint-Etienne, qui abrite encore les rassemblements de pèlerins ; Lauzerte, l'un des plus beaux villages de France, encore un ! Sans doute mériteraient-ils tous l'appellation.

Page précédente - A Cahors, le pont Valentré était aussi nommé Pont du Diable, l'architecte au XIVe siècle ayant passé un pacte avec Satan. Mais ce pacte fut rompu par une ruse de l'architecte qui demanda au diable de transporter de l'eau dans un crible. Le diable jura de se venger, détruisant une partie du pont.

Au chevet de la cathédrale Saint-Etienne de Cahors, le jardin des simples ou « herbularius ». Au Moyen Age, ces herbes étaient utilisées pour se nourrir et se soigner.

Erigé en l'an 1100 sous l'abbatiat de Dom Ansquitil, le cloître et ses 116 colonnes invitent au repos et au recueillement.

Et puis on arrive à Moissac, son pont canal qui porte la Garonne au-dessus du Tarn, mais surtout son abbaye Saint-Pierre et son cloître imposant, intact, incitant au recueillement et à la contemplation.

Les sculptures romanes qui ornent
les murs de l'abbatiale de Moissac
nous sont miraculeusement parvenues
dans un parfait état de conservation.
Personnages historiques ou bibliques,
la pierre garde éternellement leur empreinte.

Le Gers, synonyme de bien vivre avec des villages comme Lectoure, Condom ou Nogaro, puis les Landes, avant d'entrer dans les Pyrénées-Atlantiques : Sauvelade et son abbaye cistercienne, Navarrenx, ses remparts et son église Saint-Germain ; Charre ; Arroue ; Saint-Palais et l'on arrive au lieu-dit « Le carrefour de Gibraltar » où se rejoignent trois des quatre chemins, avant Saint-Jean-Pied-de-Port au cœur du pays Basque, au pied des Pyrénées, frontière naturelle que l'on franchira aisément au col de Roncevaux.

Saint-Jean-Pied-de-Port, capitale de la Basse Navarre, voit affluer du monde entier des pèlerins en route vers Compostelle à travers ses cols de Cize. Dès le XIIe siècle, cette bourgade devient une place commerciale grâce à son emplacement stratégique et au pèlerinage. Le haut de la ville est flanqué de la citadelle royale (1640) fortifiée par l'architecte royal Vauban.

Roncevaux, col mythique où se déroula une célèbre bataille le 15 août 778 opposant Roland, trahi par Ganelon, aux Sarrasins, défaits un plus tard par Charlemagne, marque le passage vers l'Espagne et le Camino frances, la fin de la Via Podiensis.

Le chemin continue vers Saint-Jacques-de-Compostelle, les pèlerins se réunissent en une seule voix pour clamer « E Ultreya, e suseia, Deus aia nos » (Allons plus loin, plus haut, Dieu aide nous).

Se construire soi-même par l'effort,
se sentir soutenu par une autre force.
Ange sur le tympan du portail gothique
de la basilique de Roncevaux.

Le chemin de Vézelay

via Lemovicensis

1 691 km – 71 jours de marche.

Tous les chemins sont exigeants, aucune voie n'est plate, ni rectiligne. Le relief, la difficulté, parfois l'égarement, donnent du sens au pèlerinage. Tous les chemins s'inscrivent dans un paysage plus ou moins tourmenté, toutes les marches présentent une occasion de trébucher.

L'opportunité de comparer la difficulté des quatre voies historiques ne s'impose jamais, car toutes — même les chemins personnels — cheminent à leur manière vers Saint-Jacques-de-Compostelle.

Page précédente - Brumes matinales, première percée de soleil sur Vézelay. Dans une lumière irréelle, le vaisseau de pierre semble flotter dans les airs.

Carte du chemin de Vézelay.

La Via Lemovicensis, outre qu'elle est la plus longue, propose assurément la route la plus difficile à accomplir. Non seulement en raison des régions escarpées qu'elle traverse au centre de la France, mais encore en raison d'étapes longues dues au manque d'hébergement.

L'engagement sur un chemin paraît à l'image de la ville de départ. Loin des foules du Puy-en-Velay, Vézelay « colline éternelle » offre la paix nécessaire à la méditation avant un tel périple fondé sur la rigueur de la démarche pèlerine. Si l'exigence physique, la mortification même, sont les signes d'un pèlerinage plus intense, sans doute vos pas vous mèneront vers Vézelay, comme ceux des pèlerins venus du nord et de l'est de l'Europe, à l'image des Polonais. Un chemin paisible et beau, de colline en colline jusqu'à Ostabat, dans une solitude recherchée, une quête spirituelle et religieuse.

Taillées dans la pierre massive, de fines sculptures dentelées donnent à Vézelay sa grâce et sa beauté. Au portail nord de la cathédrale, les derniers épisodes de la vie du Christ. Les derniers disciples retournent à pied vers Jérusalem. Au registre supérieur, l'Apparition aux disciples après la Résurrection.

Page suivante - La basilique Sainte-Marie-Madeleine émergeant des toits endormis.

Haut lieu de la chrétienté sur les contreforts du Morvan, Vézelay marque un départ non pas dans l'effervescence mais dans la quiétude.

Le matin, le pèlerin se rend à la basilique Sainte-Madeleine, chef-d'œuvre de l'art roman abritant les reliques de Marie-Madeleine, pour recevoir la bénédiction. Déjà le chemin commence à travers les rues en pente raide, on ne s'arrêtera pas de suite à *l'Auberge de la Coquille*, on croisera les touristes qui ne suivront pas nos pas. La route est longue, mais tellement belle que la marche s'en trouve plus aisée. L'esprit s'anime des beautés de la nature et de celles bâties par la main de l'homme, inspirée par celle de Dieu.

Page précédente - L'homme, habile copiste de la nature. La nef romane de la basilique de Vézelay inondée de lumière et, en contrepoint, la voûte d'une nef végétale.

Les chapiteaux du bas-côté sud de la cathédrale Sainte-Marie-Madeleine de Vézelay s'alignent comme autant de pages tournées par le pèlerin. Au Moyen Age, l'histoire biblique s'imprime dans la pierre.

Page précédente - Au sommet de la colline éternelle, la basilique.
Au milieu de la campagne encore blanche,
le pèlerin commence son cheminement dès l'aube.

Une carte détaillée est indispensable
pour retrouver sa route.

Ainsi, après avoir traversé et fait halte dans bien des villages discrets et charmants de l'Yonne et de la Nièvre, arrive-t-on à La Charité-sur-Loire, étape majeure sur le chemin où tout est prévu pour l'accueil du pèlerin.

Cité monastique, fille aînée de Cluny, La Charité-sur-Loire plonge le passant dans un Moyen Age conservé, lui offre une pause hors du temps au début du chemin. Chaque département contient des trésors qui se livrent au rythme des détours, des voies secondaires, des routes transversales, des villages de caractère qui s'égrainent comme les perles du chapelet.

Les vitraux de la cathédrale de Bourges, travail d'orfèvrerie réalisé entre le XIIIe et le XVIIe siècle, comptent parmi les plus beaux au monde. Finesse du dessin, beauté des couleurs, ce sont de véritables chefs-d'œuvre de l'art religieux.

En Berry, Bourges et la cathédrale Saint-Etienne, ses vitraux magnifiques, ses volumes rares et impressionnants, le Palais Jacques Cœur, maison unique ornée de coquilles et cœurs, retiennent le pèlerin.

Sur ce chemin, les monuments historiques se succèdent, répondant en écho à l'appel d'une nature merveilleuse : l'église gothique Saint-Cyr d'Issoudun, la basilique Notre Dame du Sacré-Cœur et le musée de l'Hospice Saint-Roch, ancien Hôtel-Dieu au bord de la rivière Théols, prolongé d'une extension moderne qui accueille de prestigieuses expositions d'art moderne. Heureux mélange des genres et des époques.

Détail d'un vitrail illustrant le songe de Joseph.
Les vitraux, par les scènes représentées,
servaient jadis à l'enseignement religieux.

En Limousin, le chemin garde son authenticité rurale quand surgissent l'abbaye de Bénévent avec son portail polylobé de style hispano-arabe rapporté par des pèlerins ou l'ensemble de Saint-Léonard-de-Noblat fondé autour du tombeau de l'ermite. Les routes limousines de saint Jacques, parfaitement balisées et entretenues, mènent à Limoges, ville à laquelle cette voie doit son nom.

Là aussi, les pèlerins s'arrêtent pour le visible, la grandiose cathédrale Saint-Etienne, et l'invisible, la crypte qui abrite les sarcophages de saint Martial et sainte Valérie, sans oublier bien d'autres témoignages de foi à travers une ville secrète où l'homme semble avoir maîtrisé le feu.

Page précédente - Majestueuse cathédrale Saint-Etienne surplombant la Vienne à Limoges

Sortir du troupeau... Que regarde cette vache du Limousin ?

Après la Haute-Vienne que l'on sillonne de part en part, la Dordogne accueille le pèlerin à La Coquille entre Limoges et Périgueux. La Coquille, nom donné à cette halte plaisante par les pèlerins ou bien nom donné par la présence de brigands, les « coquillards », qui détroussaient les pèlerins ? Jadis, le chemin n'était pas toujours sûr. Aujourd'hui, il en va tout autrement.

A la suite, on passe par Brantôme, la Venise romantique du Périgord, et son abbaye ; Sorges, ville du Périgord Blanc réputée pour ses truffes noires. Et bien d'autres villes aux noms qui chantent sur le chemin : Périgueux et sa cathédrale Saint-Front, Cadouin, son cloître et son suaire ; Bergerac en Périgord Pourpre ; Eymet et sa bastide médiévale.

Le Périgord, pays généreux débordant de richesses, dont les couleurs teintent le parcours jusqu'en Gironde.

Dans chaque cathédrale, chaque église, chaque chapelle, le pèlerin sait qu'il sera accueilli bras ouvert, comme ici en la cathédrale Saint-Front à Périgueux.

Page suivante - Se croirait-on à Périgueux ? Saint-Front, cathédrale byzantine, habile mélange de lignes et de courbes romanes, est une étape majeure du pèlerinage. Les clochetons ont été rajoutés aux coupoles rénovées au XIXe siècle, offrant au regard un ensemble singulier.

Ci-dessus et page suivante - L'ombre et la lumière invitent à la sérénité en l'église du Vieux-Lugos. La lueur d'un cierge donne vie à la pierre, illumine la croix. Flamme droite pour l'élévation de l'âme.

Le temps. Le pèlerin prendra-t-il le temps de tout voir en chemin ou bien le pèlerinage implique-t-il de rester toujours sur le chemin ? A chacun de répondre, mais les sollicitations ne manquent pas sur ce chemin de lumière : le prieuré Saint Pierre de la Réole, l'élégante cité de Bazas et sa cathédrale Saint-Jean-Baptiste. Se laisser prendre par l'atmosphère du marché de Bazas qui se déroule depuis huit siècles sur la place de la cathédrale.

A Retjons, à l'entrée du département des Landes, une borne signale au pèlerin qu'il lui faudra encore parcourir mille kilomètres pour atteindre Saint-Jacques-de-Compostelle. Mais peut-on considérer l'ensemble du chemin quand chaque jour, chaque kilomètre, chaque pas se vit avec passion ?

Ainsi, ni le temps, ni la distance ne comptent face à la beauté de l'église abbatiale de Saint-Sever, face au couvent des Jacobins et son Beatus de l'Apocalypse, face à la crypte romane de Saint-Girons à Hagtemau.

La traversée des immensités landaises, tant redoutées par les pèlerins, est émaillée de joyaux. Après les Landes, les Pyrénées-Atlantiques annoncent l'Espagne. A Orthez, on franchit le gave de Pau, tandis que l'on écoutera la légende du pont de Sauveterre-de-Béarn d'où l'on jeta une innocente.

A Ostabat, la Via Lemovicensis rejoint les autres voies, le ruisseau rejoint le fleuve qui déverse son flot vers l'Espagne. Goutte d'eau avant d'arriver à l'océan, le pèlerin garde et partage ses trésors.

Le chemin étoilé inscrit sur un vitrail de l'église du Vieux-Lugos. La voie vers la lumière, tel pourrait être l'un des nombreux noms du chemin.

Page suivante - Charme de la vieille pierre au petit jour à Orthez, lorsque le ciel se confond avec le gave de Pau.

Le chemin de Tours

via Turonensis

1 448 km – 62 jours de marche.

Si Tours est au cœur de la France, le chemin de Tours montre la voie à tous les pèlerins venus de l'ouest du pays, mais encore de Paris ou des provinces normandes. Ne pouvant rejoindre la Galice par voie maritime, les pèlerins de l'Atlantique et des bords de Manche rallient la Via Turonensis.

De nombreux points de départ actuels et passés depuis Paimpol, Locquirec, Saint-Pol-de-Léon ou la pointe Saint-Mathieu, mais le plus grandiose se fait sûrement depuis le Mont-Saint-Michel.

Page précédente - « L'hospital Bodélio », près de Quimperlé, accueille les pèlerins du Finistère. Coquilles et gwenn-ha-du, la bannière herminée des Bretons, flottant au vent. De Paimpol à Saint-Pol-de-Léon, Sainte-Anne-d'Auray ou Rochefort-en-Terre, de nombreuses villes et villages ont vu partir des pèlerins vers Compostelle.

Carte du chemin de Tours.

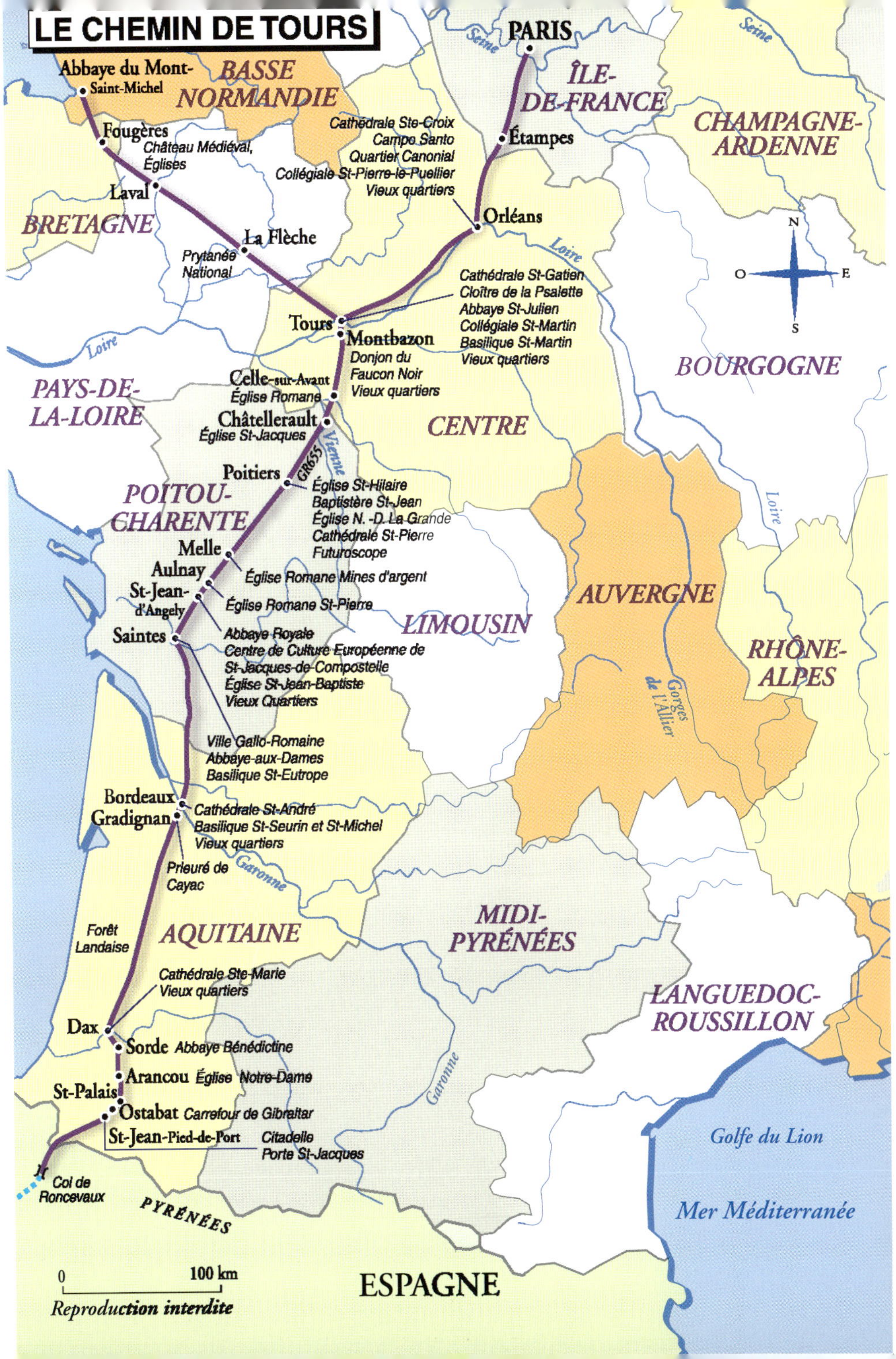

Français, Anglais, Irlandais, Belges, Scandinaves, tous empruntent les chemins montois pour, au final, traverser la majestueuse baie. Lieu traditionnel de pèlerinage surgissant des flots comme une apparition, le Mont continue de marquer, pour certains pèlerins, une étape vers Compostelle.

A Paris, les pèlerins modernes pourront démarrer leur périple à la tour Saint-Jacques, dans le quartier du Châtelet, même si l'ancienne église n'est pas un lieu de rassemblement avéré, avant de quitter la ville par un itinéraire dédié au saint homme : rue Saint-Jacques, Faubourg Saint-Jacques... et de rejoindre le sanctuaire de Saint-Martin-de-Tours en passant par Chartres ou Orléans.

Partir de Bretagne, d'un Finistère à l'autre. Le chemin trace une route au milieu des pâturages ; à chaque carrefour, une croix, un calvaire, un signe minéral se fond dans le végétal. La foi semble habiter cette nature.

Page suivante - Haut lieu de pèlerinage, le Mont-Saint-Michel, comme un phare chrétien au dessus des flots, conduit aussi vers Saint-Jacques-de-Compostelle. Magie de l'illumination.

Venus rendre hommage à saint Martin, lui qui partagea son manteau avec un pauvre et qui fonda le premier monastère sur le sol gaulois avant de devenir évêque de Tours en 372, les pèlerins réunis en la basilique dédiée au saint homme partent pour Saint-Jacques-de-Compostelle. La région Centre a bien changé d'aspect depuis les pèlerinages du Moyen Age et la densité du réseau routier ne permet pas toujours de suivre les indications du Guide du Pèlerin.

Cette proximité immédiate du modernisme, un balisage aléatoire sur le chemin, font que cette voie est assurément la moins fréquentée. Pourtant, tout au long du relativement plat GR655, qui reste ce jour à compléter, celui que l'on recommandera de faire à vélo pour la quasi absence de dénivelé, les sites merveilleux émaillent le paysage.

Page précédente - Flèches vertigineuses de la cathédrale de Chartres déchirant l'obscurité d'une nuit sans lune.

Cent soixante-seize vitraux constellent Notre-Dame de Chartres, certains datés de 1150.

A commencer par l'impressionnant donjon de Montbazon ; l'église romane de Celle-Saint-Avant : Châtellerault où l'on admirera une statue de pèlerin polychrome très expressive à l'église Saint-Jacques avant de traverser la Vienne.

Un petit détour invite sur le site de la fameuse bataille de 732 gagné par Charles Martel et l'on arrive à Poitiers où les monuments chrétiens s'offrent à profusion. Le baptistère Saint-Jean, édifié au IVe siècle est l'un des plus anciens d'Europe, la superbe église romane Notre-Dame-la-Grande, au cœur de la ville, la cathédrale Saint-Pierre et, bien sûr, l'immanquable église Saint-Hilaire, bâtie sur le tombeau du saint évêque de Poitiers, lieu de pèlerinage et étape spirituelle sur le chemin de Compostelle.

Reprendre le chemin qui ne cesse de descendre en direction du sud, toujours plus à l'ouest : se succèdent les églises romanes de Melle, Aulnay, Juick et le Douhet ; l'abbaye de Fontaine et l'abbaye Royale de Saint-Jean-d'Angely qui abrite le Centre de Culture Européenne de Saint-Jacques-de-Compostelle.

Dentelle de pierre de la cathédrale de Tours.

Lieu de rencontres, halte majeure sur le chemin, même si la relique de saint Jean-Baptiste conservée en ces lieux disparut dans les flammes en 1568.

L'église Saint-Jean-Baptiste et les tours donnent d'autres occasions de visite. Le chemin continue vers Saintes, ville gallo-romaine et ville d'Arts et d'Histoire, où l'on vénère les reliques de saint Eutrope et où l'on trouvait le repos à la célèbre Abbaye-aux-Dames, devenue Centre Culturel de Rencontre, qui produit chaque année en juillet un Festival réputé.

On quitte la Charente-Maritime, au nom évocateur, pour entrer en Gironde, dont le nom contient d'autres promesses gourmandes qui ne nous détourneront pas du chemin, mais qui étancheront notre soif !

Crépuscule sur la tour Saint-Nicolas et la tour de la Chaîne, vigies des siècles passés à l'entrée du port de La Rochelle.

Autre grande étape, Bordeaux. Dans la grande cité, le chemin de Saint-Jacques-de-Compostelle est matérialisé par des clous en bronze, des plaques au sol et sur certains murs.

Le pèlerin solitaire suivant son chemin ne cherchera sans doute pas ces traces destinées aux curieux, mais il ne manquera de passer par la cathédrale Saint-André et les basiliques Saint-Seurin et Saint-Michel. Une solitude qui pourra se vivre pleinement à travers les étendues landaises où, même en période estivale, on marche en toute quiétude sur les longs et parfumés chemins forestiers.

Page précédente - Façade gothique flamboyant de la basilique Saint-Michel de Bordeaux. Selon la perspective, on est moins impressionné par la hauteur (114 m, le plus haut clocher du Midi de la France) du clocher séparé. Tout mettre en perspective...

Basilique Saint-Seurin. Lorsque la lumière se glisse dans l'obscurité pour magnifier le parapet finement ciselé de l'escalier de la crypte.

Après une halte au prieuré de Cayac à Gradignan, on poursuit par la forêt en direction de Dax en passant par la remarquable chapelle de Saint-Pierre-de-Mons, l'église de Saint-Michel du Vieux-Lugo et ses fresques édifiantes.

Dans les Landes, on se souvient aussi que saint Vincent de Paul, enfant du pays né à Pouy, arpentait les chemins dans sa jeunesse de berger. A Dax et aux alentours, les hôpitaux, lieux d'accueil des pèlerins, offrent des étapes bienvenues aux pieds fatigués par un long chemin.

Avant l'Espagne qui s'annonce au loin, on fait halte à l'abbaye de Sorde, village typiquement béarnais ; à l'église Notre-Dame d'Arancou traversée par une source souterraine.

Verticalités des pins maritimes en forêt landaise.
La forêt résulte entièrement de plantations effectuées au XIXe siècle.
Jusque-là, les pèlerins de Saint-Jacques-de-Compostelle
y traversaient des marécages en s'enfonçant jusqu'aux genoux.

Page suivante - Eglise de Mons, à Belin-Béliet.
Petit vaisseau de pierre surgît de l'immensité landaise.

Le pays Basque, la Basse Navarre, nous accueille avec ses villages où la présence des pèlerins s'inscrit dans la pierre des édifices et des témoignages qui émaillent le chemin si près de la frontière espagnole : Saint-Palais et son Musée de Basse Navarre et des chemins de Saint-Jacques ; la chapelle d'Haranbeltz, ancien hôpital à l'entrée d'Ostabat.

Ostabat, à la croisée des voies du Puy, de Vézelay et de Tours, ne connaît plus l'agitation qui régnait autrefois, mais la tradition d'hospitalité ne s'est pas perdue puisqu'un gîte d'étape accueille encore les pèlerins en route vers Roncevaux. De la Nationale 10 aux chemins solitaires, cette voie mérite amplement d'être découverte par les pèlerins curieux.

Page précédente - Halte à Ostabat, village immuable du Pays basque, où se rejoignent les voies de Vézelay, du Puy et de Tours.

Décoration originale pour ce gîte orné de chaussures de pèlerins à Saint-Jean-Pied-de-Port.

Le chemin d'Arles

Via Tolosane

1 588 km – 62 jours de marche.

Antique chemin d'Arles. Non pas que les chrétiens soient partis plus tôt en pèlerinage vers saint-Jacques-de-Compostelle, mais ils empruntèrent, depuis l'Italie, d'antiques voies romaines. Cette voie sud, parcourue par les habitants de la basse vallée du Rhône, des Alpes méridionales et de toute la côte méditerranéenne, trouve ses approches sur ces mêmes voies romaines. Depuis l'Italie du nord, le col du Montgenèvre et Briançon, le pèlerin suit l'antique voie Domitienne. Depuis Rome, le cœur de l'Italie, via Menton, le pèlerin met ses pas sur l'antique voie Aurélienne.

Page précédente - Le portail de Saint-Trophime à Arles, d'inspiration antique, propose un véritable modèle de vie aux fidèles. Les saints patrons de la ville semblent veiller au bon ordre des choses.

Carte du chemin d'Arles.

L'arrivée à Arles, ville de départ sur la route de Saint-Gilles, confirme ce saut dans le temps. Arles, ville millénaire au riche patrimoine, renforce la piété du lecteur du Guide du Pèlerin d'Aimery de Picaud.

On commence par « rendre visite au corps du bienheureux Trophime », puis au « corps du bienheureux Césaire, évêque et martyr [...] Et dans le cimetière de la même ville on doit chercher les reliques de l'évêque saint Honorat », tandis que « c'est dans sa vénérable et magnifique basilique que repose le corps du très saint martyr Genest ».

Chaud est parfois le chemin. Oliviers, lumière particulière, nous sommes bien en Provence.

Page suivante - Traits ciselés du visage de l'apôtre Paul au portail de Saint-Trophime. La statuaire a été si finement restaurée que l'on pourrait s'attendre à ce que la pierre s'anime de vie sous nos yeux.

Double page suivante - Chef-d'œuvre de l'art roman provençal, Saint-Trophime parle encore aux pèlerins du XXIe siècle. A son tympan, le Christ bénit les deux doigts levés. Au sommet de l'arc, trois anges jouent de la trompette. Il se dégage de la joie et de la sérénité.

On ajoutera que, près de cette basilique, le pèlerin priera pour les morts, selon la coutume, au cimetière paléochrétien des Alyscamps.

Autant de lieux (église Saint Trophime et le cloître chef d'œuvre de l'art roman, l'église Notre Dame de la Major, le couvent des Cordeliers, les Alyscamps...), autant de personnages, hors du temps, hors de ce monde, qui donnent l'allant nécessaire au début de la marche.

Page précédente - Accrochée à la roche, la chapelle Saint-Sixte à Eygalières, village perché où monte le pèlerin. Du haut de ce promontoire, il admire les champs d'oliviers qui tapissent la plaine.

A l'époque des premiers chrétiens, le martyr Saint Genest fut inhumé au cimetière des Alyscamps. Autour de sa sépulture, de nombreuses tombes forment une nécropole insolite. Dante, Van Gogh ou Gauguin s'inspirèrent du charme étrange des lieux.

Bien vite, le pèlerin rejoint Saint-Gilles-du-Gard, qui fut au Moyen Age le sanctuaire de pèlerinage le plus fréquenté de France, voire d'Europe, avec une abbaye bénédictine où l'on conservait le corps de son fondateur, saint Gilles. On venait en foule invoquer ce saint homme venant volontiers au secours des malheureux.

Ci-contre et page suivante - Saint-Gilles-du-Gard. L'escalier à vis du XIIe siècle du clocher nord de l'église abbatiale est une merveille de taille de pierre. Le chemin emprunte des voies étroites d'une grande beauté où tous les pèlerins trouvent leur place.

Depuis le port de Camargue, on embarquait naguère pour Rome et Jérusalem. Aujourd'hui, on passe sur le chemin de Saint-Jacques. Accueilli par une statue de saint Jacques dans la charmante cité, le pèlerin méditera de nos jours sur les « modes » en matière de pèlerinage. Tous les chemins sont éternels et s'il semble bien que le pèlerinage de Compostelle soit en pleine renaissance, cet ouvrage en est un témoignage, le pèlerin considérera cette vogue actuelle avec le recul nécessaire.

Coque blanche étincelante entre le ciel d'azur et la Méditerranée.

Page suivante - Au large de l'agitation de la baie de Cannes, un lieu de vie monastique retiré du monde. Sur l'île Saint-Honorat, l'une des deux îles de l'archipel de Lérins, l'ancien monastère fortifié Saint-Honorat, construit du XI au XIVe siècle.

Les paysages de Camargue invitent certainement à prendre ce recul. La plénitude de la vie sauvage, les avancées humaines souvent destructrices ; les rencontres chaleureuses et les moments de partage sur le chemin, la cohue des vacanciers et la bousculade des stations balnéaires le long de la côte. Le chemin offre un monde à part.

Après Vauvert, Lunel et Castries, on arrive à Montpellier, sa cathédrale Saint-Pierre, ville grouillante dont le cœur de ville offre une image plus paisible. Chacun se fera son idée du fameux quartier Antigone, retour moderne aux sources antiques. S'arrêter à la cathédrale Saint-Pierre, mais aussi à la crypte de Notre-Dame-des-Tables, vestige d'une des églises construites par les Guilhem, fondateurs de Montpellier à la fin du Xe siècle.

Page précédente - La Camargue, vastes étendues aux ciels incendiés par le soleil au couchant.

Montpellier, place de la Comédie, point névralgique et lieu de rencontre incontournable.

Le chemin, plat jusqu'au Languedoc, s'élève brusquement et l'on prie pour que les vents, violents dans la région, ne se lèvent pas. Le chemin donne tout au pèlerin, des hauts et des bas au sens propre comme au figuré.

Nul doute que l'arrivée, après bien des efforts et des moments de solitude, à Saint-Guilhem-le-Désert, un des plus beaux villages de France blotti auprès du joyau de l'abbaye de Gellone, compte parmi les hauteurs, les grands moments du chemin.

Quelque part dans le Languedoc.
Plaisir de marcher dans les eaux vives après avoir longuement cheminé sur les sentiers poussiéreux.

Page suivante - Halte propice au recueillement à Saint-Guilhem-le-Désert, attachant village au milieu d'une nature aride.

Entre les montagnes, les beaux villages défilent avec leurs églises et leurs curiosités, comme ces étranges stèles discoïdales tournées vers le soleil levant du cimetière d'Usclas-du-Bosc.

Tant de villages, d'étapes marquantes de Lodève à Castres, de ponts du diable qu'il faudra franchir, de bastides dont on tombera sous le charme, avant d'arriver à Toulouse, ville qui donne son nom à cette voie magnifique.

Autour de cette oasis s'étirant longuement
jusqu'au cirque, le désert, la montagne,
une nature sauvage, seulement ponctuée de pins,
d'oliviers et d'arbousiers sculptés par le vent.

Page suivante - Toulouse, la ville rose,
et son fameux Hôtel-Dieu au bord de la Garonne
qui a inspiré des générations de peintres.

Oh, Toulouse ! Ville lumineuse entre terre et ciel. Pour le pèlerin, les trésors s'accumulent et pas seulement du point de vue de l'architecture : Saint-Pierre-des-Cuisines et sa crypte, Notre-Dame de la Dalbade, la basilique Notre-Dame de la Daurade et sa Vierge noire, la cathédrale Saint-Etienne, l'église Notre-Dame du Taur et, bien sûr, la basilique Saint-Sernin, plus grande église romane d'Occident qui abrite la sépulture de saint Saturnin.

Intégrant tous les styles, toutes les populations, Toulouse est une ville phare sur le chemin.

Pierre joliment travaillée à Toulouse.
Plaisir des yeux pour des siècles.

Page suivante - Lignes épurées du solide hopital
Saint-Blaise, près d'Oloron-Sainte-Marie.

Les Pyrénées en toile de fond, on continue à cheminer vers l'Isle-Jourdain et son ancien hospice Saint-Jacques ; la cathédrale Sainte-Marie d'Auch ; Morlaàs, ancienne capitale du Béarn sur la voie d'un autre pèlerinage en direction de Lourdes — certains feront le détour — , Oloron-Sainte-Marie, sa cathédrale Sainte-Marie et la crypte Notre-Dame.

Oloron-Sainte-Marie porte d'entrée des Pyrénées. En deux étapes suivant le gave et la verdoyante vallée d'Aspe, on rejoint le col du Somport, basculant vers le territoire espagnol. Ce col, ouvert toute l'année, doit être prochainement doublé d'un tunnel que n'emprunteront pas les pèlerins suivant une route millénaire.

Détail du portail d'Oloron Sainte-Marie. Le chemin est fait de musique.
Celle régulière des pas, du souffle, mais aussi celle, moins rythmée,
de la joie, de l'enchantement.

Page suivante - Veille sur les toits endormis de Saintes-Maries-de-la-Mer.

58
URBIOLA 5
ESTELLA 14
59
LOS ARCOS 3,5
LOGROÑO 31,6
80
VIANA
LOGROÑO

Le camino Francès

Les premières paroles s'élancent vers le ciel en espagnol : « E Ultreya, e suseia, Deus aia nos ». On est à la moitié du chemin et ce n'est pas sans raison que l'on invoque l'aide de Dieu !

Les Pyrénées franchies, les pèlerins convergent sur un chemin principal, nommé « chemin français », vers Santiago. Chemin d'une grande beauté, émaillé tout du long d'un patrimoine jacquaire exceptionnel.

Page précédente - Alors que l'étape de Los Arcos paraît sans fin et que les bornes marquent le chemin, on découvre un cimetière de bornes routières. Les distances signifient peu pour l'esprit, beaucoup pour le corps.

Carte du chemin camino Frances.

Adieu la solitude, la tempérance du climat, les auberges paisibles, ici commence un autre pèlerinage. Celui du partage avec les pèlerins et marcheurs venus de toute l'Europe, celui des fortes chaleurs en saison estivale aux heures du midi, celui des refuges et auberges trop vite remplis. Mais c'est encore la beauté des levers de soleil, des ciels étoilés. Le pèlerin s'en remet à saint Jacques, trouve toujours le moyen et la force pour parcourir la trentaine d'étapes restantes avant d'atteindre Compostelle.

Page précédente - Si on laisse les Pyrénées derrière soi, ne pas croire que l'Espagne est un pays plat. Il reste bien des obstacles avant Saint-Jacques. Mais devant la beauté d'un tel paysage, l'adversité s'aplanit, ne laissant plus la place qu'à la contemplation.

Et le chemin prend vie en Espagne, ponctué par les fameuses « albergue », où l'on ne trouve pas toujours de la place en saison estivale et où l'on vous demandera votre Credencial pour séjourner une nuit.

Ceux qui arrivent du centre de la France ont franchi les Pyrénées vers Roncevaux et l'olifant de Roland résonne encore dans leur imaginaire quand ils arrivent à Pampelune sur le « camino Navarro », ainsi nommé puisqu'il traversait le royaume de Navarre. La première étape de Roncesvalles porte encore les traces des combats épiques des soldats de Dieu, les coups de Durandal, l'épée de Roland, l'appel à l'aide de son olifant.

Le village qui connut son apogée au Moyen Age, principal monastère de la région, donne encore de belles choses à voir, comme la chapelle du Saint-Esprit, et à imaginer pour tous les écoliers qui ont entendu ce nom rouler comme un tambour dans une salle de classe.

L'église romane Santa-Maria d'Eunate possède un plan original octogonal et un cloître extérieur tout aussi original. Des remparts pour s'isoler du monde que l'on trouve parfois sur le chemin.

Page suivante - Riche et belle région de Navarre. Santa-Maria d'Eunate plein champ dans une perspective fuyante.

On chemine à travers la campagne fertile en direction de Pampelune (Pamplona en espagnol et Iruñea en basque), ville capitale aux nombreux monuments religieux, dont une cathédrale Santa Maria aux dimensions imposantes, une église San Saturmino et un Hôpital Général reconverti en Musée de Navarre.

Le chemin, pavé d'histoires et de légendes, raconte encore le miracle de l'âne prêté par saint Jacques à un pèlerin malhonnêtement dépossédé de son cheval par un hôtelier sans scrupule, qui recevra un châtiment divin.

Page précédente - Départ ou arrivée sur le pont médiéval de Trinidad de Arre enjambant l'Ulzama ? Premier ou dernier regard vers l'Iglesia de la Santisima Trinidad ?

La coquille, symbole de saint Jacques.

Un peu plus loin sur le chemin, à Obanos, on pourra même assister fin août à la représentation d'un mystère, celui de San Guilhem et Santa Felicia, princesse qui renonça à ses richesses après un pèlerinage à Santiago, tuée par son frère Guilhem qui, pris de remords, alla aussi en pèlerinage avant de finir ses jours dans un monastère. La prochaine étape rejoint Puente la Reina, marque la fin de ce chemin de Navarre et le début du « camino Francès ».

Bien des légendes entourent la coquille, signe de ralliement des pèlerins, qui les trouvaient sans peine sur les côtes espagnoles, puis les accrochaient à leur manteau ou à leur chapeau.

Ci-dessus et ci-contre - Toutes les églises ont leurs mystères. L'imagination vagabonde à la vue du crucifix de cette église de Puente-la-Reina, au confluent des chemins, à l'entrée du camino Francès. Là où toutes les voies ne font plus qu'un chemin vers Santiago. Prendre la Calle Mayor, traverser l'antique pont de pierre et suivre le Chemin.

Ceux qui arrivent par la via Tolosana ont franchi les Pyrénées au col du Somport, leur première étape espagnole sur le « Camino Aragonés » se fera à Jaca après une longue descente sur des sentiers pentus en direction des rives du fleuve Aragón.

Etrange vision sur le chemin que celle de la gare abandonnée de Canfranc, autrefois lieu de transit international, aujourd'hui inusité. La marche du progrès semble, en attendant de nouveaux projets, s'être arrêtée un temps, pendant que le pèlerin continue sa route.

Page précédente - Sur une route de Castille à l'aube. Ne pas craindre d'aller vers le brouillard et l'infini. A l'horizon, l'inconnu, soi-même, et, au-dessus, la clarté.

La poésie des paysages du chemin ne revêt pas toujours un caractère bucolique. Point de fuite pour cette voie ferrée dans l'immensité de la Meseta.

Le chemin apporte des clés, parfois même pour ouvrir de vieilles serrures grippées en nous.

Page suivante - Les plaines agricoles, immenses et arides, où paissent de maigres troupeaux. Selon son humeur, on chemine seul ou l'on échange entre amies. Le chemin, c'est respecter les choix de chacun.

Après Jaca, direction plein ouest, virage vers Saint-Jacques et cette fin de la Terre tant désirée. Dans cette attente d'un paysage idyllique, le pèlerin traverse des zones arides, des sites lunaires, où le chemin trace un sillon de vie entre les villages surgissant du passé, comme la fantasmagorique forteresse de Ruesta.

L'étape de Sangüesa à Monreal, l'avant-dernière sur ce tronçon du chemin, présente une merveille de la nature en passant par la Foz de Lumbier, ancienne voie qui emprunte une gorge fantastique de toute beauté.

Ecrasé par le poids de la roche, par l'immensité des falaises abruptes, cheminant dans des tunnels obscurs, le pèlerin ressent une grande humilité face aux éléments.

Pénitence ? Selon chacun, mais les confrontations au temps, à la nature, à soi-même font partie intégrante du pèlerinage et pour longtemps de la vie de celui qui a pris le chemin.

Quelques kilomètres encore et c'est la jonction avec les pèlerins venus de Roncevaux sur une route plus fréquentée.

Le « camino Navarro » et le « camino Aragonès », deux chemins qui convergent à Puente la Reina, où un seul chemin conduit le pèlerin vers Santiago, le « camino Francès ». Puente la Reina, « ville rue » du camino, née au Moyen Age de la volonté d'une Reine (on ne sait exactement laquelle) afin que les pèlerins puissent franchir le rio Arga sur un pont à six arcs brisés et piliers ajourés et faire une pause dans une ville entièrement dédiée à saint Jacques, notamment à l'église de Santiago où le retable baroque raconte la vie du saint.

Comme on peut le lire sur une plaque moderne « Y desde aqui, todos los caminos a Santiago se hacen uno solo » (et à partir d'ici, tous les chemins à Santiago ne font plus qu'un).

L'Espagne, terre et murs jaunis par le soleil.
Le pèlerin fait comme il peut pour laver
ses vêtements, mais il n'aura aucun mal
à les faire sécher !

Bourdon posé contre le mur, ces
pèlerins prennent le temps d'une pause.
Ne pas marcher aux heures les plus chaudes,
savoir se préserver, faire une halte
quand son corps l'exige.

De refuge en refuge, de colline en colline où, malgré les brûlures du soleil d'été, poussent quelques arbustes, quelques brins d'herbe, le pèlerin avance désormais en ligne droite vers Santiago : des chapelles isolées au bout du monde, des vestiges érodés par le temps, de petits villages animés par le seul passage des pèlerins, des rios peuplés de légendes, le camino fait entrer le pèlerin dans une autre dimension, sur la « route des étoiles ».

Le pèlerin n'est d'ailleurs pas tout occupé à marcher, en plus de son cheminement intérieur, il observe, il admire, il contemple l'extérieur. Le merveilleux est partout : dans un coucher de soleil sublime, dans un paysage surprenant, dans un bouquet de fleurs colorées, dans les rencontres humaines ou bien dans la vision de la Voie Lactée. Et pour profiter de tout ça, il reste encore une trentaine d'étapes et quelques pas à mettre en commun.

Bien sûr, l'érosion du temps a effacé quelque peu les traits de cette croix en Galice, mais l'essentiel demeure : un signal sur le chemin.

Sous le lourd soleil d'Espagne, le pèlerin étanche sa soif aux ruisseaux, tout en se méfiant des eaux salées qui tuèrent naguère des imprudents conseillés par quelques détrousseurs du cru.

Autre moyen d'étancher sa soif, les fontaines à vin des pèlerins installées par quelques âmes charitables. Sur les coteaux en pente douce, le vignoble de la Rioja. A chaque village, une fontaine d'eau potable surmontée d'une coquille. L'ombre est rare, la lumière partout.

Arrive l'heure de chercher un refuge pour la nuit.
« Bienvenue aux pèlerins », en général munis du sésame,
la précieuse Credencial, à l'albergue du Majarin.

Page suivante - A la lumière du ciel répondent les lumières de la ville. La Rioja n'est pas qu'une terre agricole où s'épanouit un merveilleux vignoble. Logrono, capitale de la province, abrite au sein d'une ville moderne une splendide cathédrale baroque.

Plutôt que la ligne droite, choisir les détours et visiter les monastères, les églises, les châteaux perchés, les ermitages, les lieux de mémoire, puis revenir sur ses pas pour reprendre le chemin balisé qui entre en Castille.

Page précédente - Entre la menaçante chappe de nuages et la lumière déclinante, apparaît au loin le monastère San-Juan-de-Ortega, bâti par le saint homme au milieu du XIIe siècle suite à un vœu. Et nous, quel vœu pourrions-nous faire ?

Et la pierre brute est magnifiée, ciselée sous les mains d'artistes d'un autre âge, nous racontant l'histoire de San Juan de Ortega.

Voici Burgos, grande ville moderne avec ses monuments qui élèvent le regard vers le ciel et l'esprit vers quelques grands textes de la littérature (c'est dans l'impressionnante cathédrale gothique que sont enterrés Le Cid et Chimène). Tout cela permet d'oublier un peu le réseau routier dense qui gène les piétons dans leur avancée.

Joyau de l'art gothique inscrit au patrimoine de l'humanité par l'Unesco, la cathédrale de Burgos offre des motifs saisissants de beauté.

Page suivante - Dans l'écrin majestueux de la cathédrale de Burgos reposent à tout jamais le Cid Campéador, dont les exploits inspirèrent Corneille, et sa femme Chimène « la moitié de ma vie a mis l'autre au tombeau ». Les flèches ajourées sont de pures merveilles. Face au flot de touristes, le pèlerin se sent parfois seul au milieu de la foule.

Une fois de plus, on quitte ce que l'on appelle sans doute un peu vite « civilisation » pour retourner vers les petits sentiers de campagne et bientôt de nouvelles étendues désertiques sur des plateaux sans fin.

Rien ne pousse ou presque dans la plaine désertique de la Meseta. Le berger guide son troupeau vers de meilleures pâtures.

Page suivante - De plus en plus de vététistes choisissent de faire le chemin sur deux roues depuis la France. Respectueux du pèlerin traditionnel, leur démarche est à la fois identique et différente, plus tournée vers le physique ou le tourisme, moins vers le spirituel.

Au détour du chemin, surgissant comme une oasis dans l'aridité de la Meseta, apparaît la collégiale Virgen-del-Manzano de Castrojeriz, magnifique édifice romano-gothique.

Dernier plateau à Mostelares et la steppe uniforme de Tierra de Campos se profile sur un horizon aussi plat qu'un océan. Entre ciel bleu et terre aride, chemin rectiligne sans point de repère ni spectacle naturel, l'esprit se tourne vers l'essentiel, le but ultime du pèlerinage.

On est à la moitié du chemin français et Saint-Jacques-de-Compostelle se fait, chaque jour, davantage désirer.

Cairn dans la Meseta, dont la silhouette étrangement humaine se découpe à la nuit tombante. Le chemin ne manque ni de légendes inspirées des paysages ni d'histoires authentiques.

Alors, comme par un fait exprès quelques grandes villes rendent le chemin moins monotone avec leurs merveilles d'architecture : c'est la Pulchra Leonina, considérée comme la Chapelle Sixtine de l'art roman espagnol, le vieil hôpital de San Marcos, la cathédrale d'élévation gothique à León, capitale du royaume au Moyen Age. Entre deux visites, le pèlerin se repose sur les larges places ombragées de la ville avant de suivre les coquilles de bronze clouées au sol depuis la cathédrale.

Equilibre des proportions de l'art roman, beauté des lignes, l'église San-Martin à Fromista recèle encore de nombreux trésors de sculpture sur ses chapiteaux.

Page suivante - Les nuages s'accrochent aux flèches de la cathédrale Santa-Maria-de-la-Regia, à León, chef-d'œuvre du gothique espagnol, surnommée affectueusement la « pulchra leonina », la lionne soignée.

Autre point remarquable du chemin, Astorga se profile à l'horizon avec ses remparts et son patrimoine médiéval abritant des églises, des couvents, des hôpitaux qui replongent le pèlerin dans un passé repeuplé par notre imaginaire. A cette vue, comment ne pas se projeter totalement en habit d'époque sur le chemin de Saint-Jacques ?

Spontanément, le pèlerin sait s'arrêter où tant d'autres se sont arrêtés, sous un vieux chêne, au croisement devant un paysage inédit de montagnes enneigées, sur un parterre plus moelleux que les cailloux du chemin.

Page précédente - Les ponts ne font pas que simplement relier une rive à l'autre par dessus un rio, ici à Orbigo, ils sont une occasion de se croiser, même si l'on ne se rencontre pas.

Page suivante - Prendre de la hauteur sur la croix de Santo-Toribio vers Astorga, doucement caressé par une douce lumière « bénie des Dieux ».

Et puis, il y a les points de passage, les superstitions des ponts où se montrent de mauvais esprits, les croyances plus anciennes qui croisent la nouvelle, des croix qui surmontent d'anciens temples protégeant les anciens chemins.

Après avoir franchi un col à plus de 1500 mètres d'altitude, ne pas se figurer que l'Espagne est un plat pays, bien au contraire ! C'est la découverte de Ponferrada, capitale du Bierzo, puissante citadelle fortifiée de forme polygonale protégée par l'Ordre du Temple. Hôpital Renaissance, couvent, église baroque, encore une fois tout est là sous les yeux et dans l'esprit du pèlerin.

Merveille d'architecture sortie de l'imaginaire de Gaudi, le Palais Episcopal rayonne de sa pierre de granit blanc. Il est désormais le siège d'un intéressant « Musée des Chemins ».

De la grandeur aux ruines. Le temps ne cesse de passer sur le chemin, ne laissant parfois que de rares pierres en guise de monuments.

Page suivante - Le château du XIIe siècle de Ponferrada, qui a subi quelques rénovations lui donnant l'aspect d'une maquette de cinéma, découpe le ciel de ces crénelures, tranche l'azur de ses pierres. Projection d'une autre époque.

Traverser des fleuves, monter dans des villages, admirer des édifices, des statues, ne jamais se perdre en chemin, le but n'est plus très loin.

Pour certains, la route devient un enfer, les côtes se transforment en murs, les parties plates n'en finissent plus de se rallonger sous les pas fatigués. Pour tous, c'est pourtant la route d'un Paradis qui grandit en soi chaque jour au milieu des épreuves.

Dernière grande ascension au mythique O Cebreiro avant de quitter bientôt la province de León, mettre le pied dans celle de Lugo alors qu'il reste environ 150 km avant d'atteindre Saint-Jacques-de-Compostelle.

Page précédente - On ne sait si la Vuelta passe par O Cebreiro, à 1 300 m d'altitude ! Mais ceux qui ont choisi de faire le chemin à bicyclette feront aussi couler la sueur dans les ascensions.

Habitat traditionnel dans les montagnes espagnoles à O Cebreiro. Toitures en paille de seigle liée avec des genêts. Rien ne semble avoir changé dans ce paysage... et surtout pas les hommes, qui reproduisent les gestes ancestraux tout en encourageant les pèlerins de passage.

Aller au bout du Chemin, c'est aussi se confronter avec la mort. En Galice, le signe de la croix s'inscrit naturellement dans la pierre, sur la pierre.

C'est là que certains marcheurs commencent « seulement » leur pèlerinage, quand d'autres touchent à l'arrivée. Les paysages se montrent plus hospitaliers, les pas s'envolent de sites religieux en lieux de dévotion, on en oublierait presque les efforts réalisés pour en arriver là, si ce n'était les terres vallonnées de Galice.

L'avant-dernière étape d'Arzúa à Monte do Gozo est aussi l'une des plus longues du chemin. Elle laisse le temps de la réflexion et une agréable sensation de fatigue envahit le pèlerin, qui s'attend à voir apparaître maintenant Saint-Jacques-de-Compostelle à chaque détour. Bientôt, les tours de la cathédrale surgiront de la Terre.

Au propre comme au figuré, la Cruz de Ferro est un des hauts lieux du chemin (1 490 m). Au sommet de la longue perche, une petite croix qui indiquait le chemin lorsque celui-ci était recouvert de neige. Au pied de l'édifice, chaque pèlerin dépose un caillou de son pays pour former un monticule international. A pied, ou à cheval, comme ces « caballeros » pèlerins.

Page précédente - De la joie sur le visage de l'évêque de Saint-Jacques au sortir de la messe des pèlerins, et de la gravité sur celui d'Alain, qui a orné son chapeau de fleurs glanées sur le chemin de Vézelay.

Les pèlerins, au bout d'un long périple, ne sentaient pas toujours bons quand ils arrivaient dans la cathédrale Saint-Jacques, au Moyen Age... C'est sans doute l'origine du « bota fumeiro », un gigantesque encensoir de 50 kg, qui se balance par un système ingénieux de cordes chaque dimanche au-dessus de l'assistance.

Pilastre du portail de la Gloire. Mettre ses doigts dans les cavités de l'arbre « Jesec », là où des millions de pèlerins ont mis les leurs, fait partie de ces rituels millénaires.

Saint-Jacques-de-Compostelle. Ultime étape du parcours. De nombreux pèlerins vous diront que le bonheur n'est pas à Saint-Jacques. Le bonheur est sur le chemin... Le pèlerin ne considère pas sa route comme un exploit, les sentiments se bousculent et l'on entre dans la ville sainte, patrimoine mondial de l'humanité.

Au centre de la ville, à la convergence des chemins, la place de l'Obradoiro où trône la cathédrale en majesté. On pose son front sur la sculpture du portique romain pour obtenir sagesse et prudence et l'on enlace le buste du maître-hôtel de l'Apôtre saint Jacques.

Pèlerin dans la cathédrale.
Mains jointes, repliées le temps de remercier d'être arrivé à bon port. Qu'a-t-on trouvé sur le chemin ? Des réponses, mais aussi des questions ? Prendre le temps avant de repartir. Celui qui commence sur le chemin ne finit jamais.

Pour les grandes cérémonies, on peut aussi assister au balancement lancinant et odoriférant du « Bota fumeiro », le plus grand encensoir du monde, allant toucher les voûtes dans un effet fantastique. Sous le maître-autel du même style baroque que l'ensemble de la cathédrale, la crypte contenant le tombeau de l'Apôtre saint Jacques. Instants de recueillement dans une ville animée par l'afflux de curieux.

Le chemin n'est pas terminé. Comme le lecteur ne peut plus être tout à fait le même après avoir traversé une histoire, contemplé une photo, le pèlerin vivra toujours son chemin, reviendra inlassablement sur ses pas et repartira sans cesse sur d'autres chemins.

Détail du portail de la Gloire de la cathédrale Saint-Jacques. Les figures tutélaires sculptées dans la pierre ouvrent les portes du Royaume. Une fois arrivé à Compostelle, le pèlerin doit obéir à quelques rituels. L'un d'entre eux consistera à placer sa main à l'intérieur d'un portique situé dans la porte principale de l'église.

Bourdon à la main, coquilles recouvrant son costume,
le sourire toujours aux lèvres, le pèlerin n'a pas d'âge.
Il est simplement heureux d'être arrivé au but du périple,
dans la cathédrale Saint-Jacques de Compostelle.

Page précédente - Au bout de la Terre, là où accosta le bateau chargé du corps de Saint-Jacques et de ses deux compagnons, le chemin touche à sa fin. Pour autant, le chemin ne s'arrête pas. Emporté par l'élan spirituel, le pèlerin continue son voyage.

Le Finisterra.

Après des milliers de kilomètres, Saint-Jacques-de-Compostelle n'est qu'une étape dans un accomplissement sans fin. Une fin, le pèlerin peut en trouver une toute provisoire à moins d'une centaine de kilomètres, au bout de la terre, face à l'océan Atlantique, le Finisterra.

A l'endroit même où commença la légende, avec l'arrivée du corps de saint Jacques sur la côte de Galice. Cap plein ouest ! Le chemin, toujours balisé, n'est plus tout à fait le même et la foule s'est éloignée des villages et des refuges.

Des vieux ponts continuent de traverser le cours du temps par dessus le fleuve Tambre. Des chapelles de pierres sèches accueillent les prières. On s'approche de la mer, de la fin de la terre, de la fin physique du chemin, du point le plus à l'ouest de l'Espagne.

Face à l'immensité, aux falaises découpées, au ciel constellé d'étoiles, le pèlerin communie avec une nature immuable. Le chemin est une voie de communion par-delà les âges, par-delà les genres, par-delà les intentions. Il réunit et éclaire tous les pèlerins d'une même lumière.

Adresses utiles

Pour plus d'informations concernant les Chemins de Saint-Jacques, on trouvera de nombreux sites Internet, de nombreuses publications, des témoignages de pèlerins et souvent des renseignements auprès de sa paroisse.

Avant de partir, il est conseillé de consulter les travaux réalisés par la Société française des amis de Compostelle – Centre Européen d'Etudes Compostellanes sur le site Internet : www.compostelle-asso.fr. Cette association, créée en 1950, fournit la meilleure aide aux pèlerins pour préparer leur pèlerinage vers Compostelle.
Société francaise des amis de Compostelle 8, rue des Canettes – 75006 PARIS. Tél. 01 43 54 32 90.

Ensuite, il est conseillé de contacter une association jacquaire s'occupant du chemin que l'on va emprunter. Cette liste n'est pas exhaustive. Peu d'associations communiquent un téléphone, il vaut mieux écrire ou envoyer un courriel.

Union jacquaire de France
44, rue Henri- Barbusse – 75005 Paris.
Site Internet : www.union-jacquaire-france.net.
Fédère les associations des Chemins de Saint-Jacques. C'est un lien entre tous les chemins de France et une source d'informations.

Association de Coopération Interrégionale
« Les chemins de Saint-Jacques de Compostelle »
4, rue Clémence-Isaure - 31000 Toulouse.
Tél. 05 62 27 00 05 - Fax : 05 62 27 12 40
www.chemins-compostelle.com

Association bretonne des amis de Saint-Jacques de Compostelle. Site Internet : www.saint-jacques-compostelle-bretagne.fr.
Cette association tient des permanences régulièrement dans chaque département breton.

Les amis de Saint-Jacques en Alsace
1, rue de la Chaîne – 67140 Andlau
Tél. 03 88 98 34 63. Site Internet : www.saint-jacques-alsace.org.

Les associations de la Voie d'Arles. Site Internet : www.santiago-via-arles.org/

Union des associations jacquaires en Bourgogne
9bis, boulevard Voltaire – 21000 Dijon. Site Internet : www.st-jacques-bourgogne.org.

Association des amis de Saint-Jacques voie de Tours en région Centre 9, rue Chambert,
37000 Tours Tél. 02 47 44 55 52.

Association des pèlerins de Compostelle et de Rome 1, chemin du Grand-Sauçois
25870 Vieilley Tél. 03 81 62 59 87.

Association des amis de Saint-Jacques d'Eure-et-Loir 7, rue Chantault – 28000 Chartres
Tél. 02 37 36 93 84.

Les amis de Saint-Jacques de Compostelle dans le Gers La Sallasse – 32700 Lectoure
Tél. 05 62 68 79 29. Site Internet : www.st-jacques-compostelle.gers.org.

Les amis de Saint-Jacques en Loiret
65, avenue de Verdun – 45800 Saint-Jean-de-Braye Tél. 06 77 81 67 70.

Randonneurs et pèlerins 51
8bis, rue René-Herr – 51200 Epernay
Tél. 03 26 51 61 05.

Les amis des chemins de Compostelle du Nord
Hôtel de ville, 298, rue Clemenceau,
59139 Wattignies.
Site Internet : www.compostelle-nord.com.

Association normande des Amis de Saint-Jacques
6, allée des Aubépines – 50460 Querqueville.
Tél. 02 33 03 35 34. Site Internet : www.chemins-pelerins-normands.org.

Amis du Chemin de Saint-Jacques de Compostelle de Perpignan 10, rue de l'Eglise Saint-Jacques
66000 PERPIGNAN Tél. 06 07 33 01 63.

Le Chemin de Saint-Jacques de Compostelle du Piémont pyrénéen en Ariège-Pyrénees
Halte Saint-Jacques – 09190 Saint-Lizier
Tél. 05 61 96 77 77.

Association des Amis de Saint-Jacques en Velay
Relais Notre-Dame – 29, rue Cardinal de Polignac
43000 Le Puy-En-Velay.

Les amis du Chemin de Saint-Jacques en Quercy-Rouergue Languedoc 107, avenue de Lavaur
31500 Toulouse Tél. 06 06 77 57 75.
Site Internet : www.compostelle.toulouse.free.fr.

Association Rhône-Alpes des amis de Saint Jacques
70, rue Joliot-Curie, 69005 Lyon. Tél. 04 78 25 32 37

Association saintaise des chemins de Saint-Jacques
31, rue du Cormier – 17100 Saintes Tél. 06 73 56 94 04.

Association sarthoise des amis de Saint-Jacques de Compostelle 106, boulevard J.-J.-Rousseau
72100 Le Mans Tél. 02 43 75 39 30.

Association vendéenne des pèlerins de Saint-Jacques
23, rue de la Marquiserie – 85770 Vix Tél. 02 51 00 66 57.

Autres adresses utiles :

Compostelle 2000 26, rue de Sévigné – 75004 PARIS Tél. 01 43 20 71 66. Site Internet : www.compostelle2000.com. Association d'accueil pour les futurs pèlerins et notamment les personnes handicapées.

Fédération espagnole des associations des amis du Chemin de Saint-Jacques Calle Ruavieja 3, Bajo – 26001 logrono Tél. (34) 941 245 674. Site Internet : www.caminosantiago.org.

Indispensables au pèlerin :

Une carte IGN détaillée.
Les topo-guides édités par la Fédération Française de Randonnée.
Les guides *Miam miam dodo* réactualisés chaque année.

Chez le même éditeur

Tranches de Ville©

Angers
Arles - Camargue
Avignon
Besançon
Bordeaux
Brest - Pays des abers
Bruxelles
Carcassonne - Pays cathare
Clermont-Ferrand
Dijon
Grenoble
Lille-Métropole
Lyon
Marseille
Metz
Montpellier
Nancy
Nantes
Nîmes - Pays gardois
Nice et son comté
Paris
Pau
Poitiers
Reims - Champagne
Rennes
Strasbourg
Toulouse

Tranches de France©

Alpes
Alsace
Amiens, pays de Somme
Annecy, autour du lac
Bassin d'Arcachon
Bourgogne
Bretagne
Châteaux de la Loire
Corse
Côte d'Azur
Côte d'Opale
Franche-Comté
Languedoc-Roussillon
La Rochelle-Ré-Oléron
Nord-Pas-de-Calais
Pays basque
Périgord
Perros-Guirec-Côte Granit rose
Provence
Pyrénées
Quimper-Cornouaille
Vannes - Golfe du Morbihan
Vendée

Collection gourmande

Bistrots de Chefs à Paris
Bretagne gastronomique
Franche-Comté gourmande
Nord gourmand
Normandie gourmande
Paris gourmand
Pays de la Loire gourmands
Provence gourmande

Autres ouvrages

Côte belge
Etonnants métiers artisanaux de France
France, un fabuleux pays !
France, un patrimoine magnifique
France, une nature somptueuse...
France, les plus merveilleux villages
Normandie magnifique
Rouen magnifique

En vente sur place dans les bonnes librairies. Ou à défaut sur commande aux Editions Déclics www.declics.fr

Tél. 01 53 69 70 00 - **Fax** 01 42 73 15 24 - **E-mail :** *contact@declics.fr*

Imprimé en France par Corlet, Imprimeur, S.A.
14110 Condé-sur-Noireau, N° 93843

Dépôt légal 3e trimestre 2006
Code ISBN 2-84768-105-1
Code Sodis S347029

éditions déclics
www.declics.fr

Double page suivante - Au sommet de la colline éternelle, la basilique. Au milieu de la campagne encore blanche, le pèlerin commence son cheminement dès l'aube.